BALANCE
MAGNETIQUE
AVEC DES REFLEXIONS
SUR
UNE BALANCE
INVENTEE

PAR Mr. PERRAULT DE L'ACADEMIE ROYALE
DES SCIENCES,

Où il est parlé

D'un moyen de perfectionner le sens de l'Ouïe, &c.

Par M. DE HAUTE-FEUILLE,

TEGITE TQVOS TANGIT INAVRA RA

A PARIS,
M. DCCII.

2

BALANCE MAGNETIQUE·

AVEC DES

REFLEXIONS

SUR UNE BALANCE

INVENTE'E

PAR Mr. PERRAULT DE L'ACADEMIE ROYALE
des Sciences ,

Où il est parlé d'un moyen de perfectionner le sens de l'Oüye.

MOnsieur Perrault de l'Academie Royale des Sciences , savant Philosophe , habile Méchanicien & qui
avoit beaucoup de genie pour les Inventions nouvelles , a publié dans le premier Volume de ses essais de Phi-
sique , une opinion particuliere sur la pesanteur des corps.
Il établit son sentiment par plusieurs suppositions , dont la
troisiéme est , que les corps qui ne sont pas naturellement «
agitez par un principe interne de mouvement , ainsi que le «
corps Ethéré l'est , sont naturellement dans un êtat qui n'est «
point indifferent au mouvement & au repos , mais qui a plus «
d'inclination au repos qu'au mouvement , auquel ils resistent «
de leur nature. «

Il dit que cette supposition à sa probabilité , quoi qu'il soit «
difficile de trouver des Phénomenes qui la démontrent bien «
évidemment ; parce que nous n'avons point de corps , qui «

A

,, ſoit ſans un principe naturel de mouvement ; puiſque nous
,, n'en avons aucun qui n'ait de la peſanteur ; qu'il y a nean-
,, moins des experiences familieres qui ſemblent pouvoir fai-
,, re conclurre , que les corps répugnent naturellement au
,, mouvement , quoi que les corps avec leſquels on les fait
,, ayent de la peſanteur.

,,　　La premiere des experiences qu'il rapporte , eſt celle des
,, Balances , qui ont un Trait plus fort à proportion qu'elles
,, ſont plus chargées , c'eſt-à-dire, que les Balances qui étant
,, chargées également , par exemple , d'une livre de chaque
,, côté , & que l'on fait trebucher avec dix grains , ne pour-
,, ront trebucher eſtant chargées de vingt livres : Car l'Equi-
,, libre eſtant dans les deux cas , la peſanteur ne doit point
,, être conſiderée , & il ſemble , ajoûte-t-il , que la raiſon par
,, laquelle les dix grains qui font trebucher la Balance chargée
,, d'une livre , ne le font pas lors qu'elle eſt chargée de vingt ,
,, n'eſt autre que la répugnance que les corps ont au mouve-
,, ment ; qui fait que deux corps de vingt livres chacun , ont
,, plus de difficulté a eſté remuez & tranſportez , l'un de haut
,, enbas & l'autre de bas en haut , ainſi qu'ils le doivent eſtre
,, quand la Balance trebuche.

,,　　Il examine enſuite les raiſons que l'on apporte de ce Phé-
,, nomene, qui ne luy paroiſſent pas convaincantes ; & il refute
,, celle d'Ariſtote qui croit que cela arrive , à cauſe que le
,, mouvement des baſſins de la Balance , lors que l'un monte &
,, que l'autre deſcend , eſt oblique ; & que ce mouvement eſt
,, forcé & contraire au mouvement que la peſanteur donne aux
,, corps , qui eſt naturellement droit. Car par exemple , pour
,, faire trebucher le corps A , Figure II. il le faut faire
,, aller vers B , & luy faire faire le mouvement oblique A B ,
,, qui eſt contraire à ſon mouvement naturel, qui eſt le mouve-
,, ment A C.

,,　　Mr. Perrault dit , qu'il n'eſt pas difficile de faire voir la
,, nullité de cette raiſon, même ſans examiner ſon fondement,
,, & qu'il n'y a qu'à faire une Balance ſemblable à celle de la
,, Figure I ᵉʳᵉ. où les baſſins montent & deſcendent en ligne
,, droite , dans laquelle le Trait ne laiſſe pas d'eſtre fort ou
,, foible à proportion du poids dont les baſſins font chargez.

,,　　Pour faire voir que l'on peut croire que la force du Trait
,, ne doit point eſtre attribuée au frotement du pivot de la

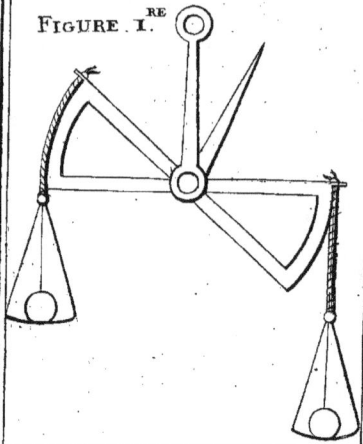

FIGURE. I.^{RE}

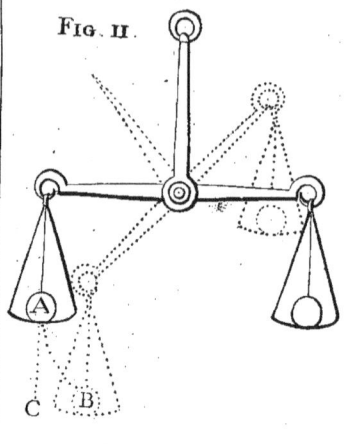

FIG. II.

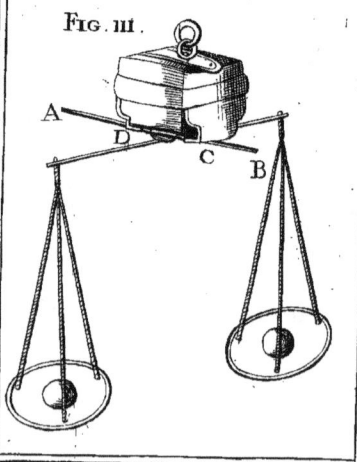

FIG. III.

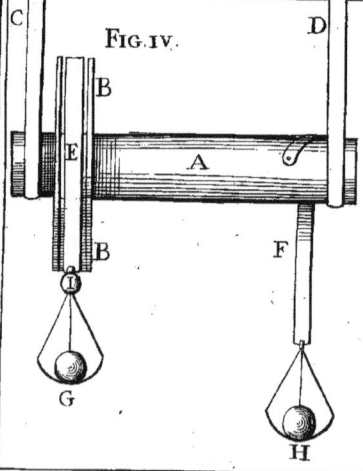

FIG. IV.

Balance, qui refifte au mouvement à proportion qu'elle eft " plus chargée, & que ce n'eft point par cette raifon que le " Trait eft plus fort à proportion du poids, il a inventé & " fait faire une nouvelle maniere de Balance, qui a un rouleau " A Figure I V°. qui fert d'Axe à une poulie B B, les deux " bouts du rouleau font foûtenus par les rubans C D, & il y a " deux autres rubans E F, qui fufpendent les baffins G H. Le " poids I eft ajouté au baffin G, afin de mettre la Balance en " équilibre. Il affure qu'il eft évident que le mouvement de " cette Balance n'a aucun frotement.

Les favans qui examineront avec attention cette Balance feront, à mon avis, perfuadez auffi bien que moy, qu'elle a du frotement ou un autre empêchement qui en tient lieu; qu'elle ne fert de rien pour prouver que la différence du Trait, qui luy eft commun avec les Balances ordinaires, ne provient pas du frotement & que l'on ne peut point en tirer cette confequence, que les corps refiftent au mouvement & qu'ils n'y font point indifferens.

En faifant réflexion fur ce fentiment de M'. Perrault, il me vint en penfée de fufpendre en l'air le pivot d'une Balance, en le faifant d'acier bien poli & en l'apliquant aux armures d'un Aiman naturel ou artificiel; comme on le voit Figure I I I°. où A B, reprefentent le pivot de la Balance, & C D les armures de l'Aiman. Il eft vifible, que par ce moyen on connoîtra fi le frotement du pivot eft la veritable caufe de la différence du Trait, puifqu'il arrive dans cette Balance que j'appelle Magnetique, tout le contraire de ce que l'on voit dans les Balances ordinaires: car fuppofé qu'un Aiman foit capable de foûtenir quarente livres, fi on met une livre dans chaque baffin, le pivot fera alors attaché à l'Aiman, & le frotement y fera pareil à celuy d'une Balance ordinaire qui feroit chargée d'environ trente huit liv. mais fi on met trente huit livres dans les baffins, y compris leur pefanteur, le pivot fera alors tres-peu appliqué aux armures, & le frotement y fera femblable à celuy d'une Balance ordinaire, qui feroit chargée de deux livres ou à peu prés.

L'experience furprenante qui eft rapportée dans les Memoires imprimez à Trévoux au mois de Decembre dernier, fait connoître que ce contact du fer aux armures, eft trés-petit dans les plus forts Aimans, lorfqu'ils fufpendent à peu

prés toute la pefanteur dont ils font capables & qu'il y a même quelque feparation , puifque la lumiere paffe entre le fer
& les armures & qu'elle paroît fenfiblement dans l'étenduë
de plus des deux tiers de leur longueur , comme de petites
cordes folides de diftance en diftance , d'où on peut conclurre avec certitude,que le pivot de cette Balance Magnetique,
n'a dans ce cas qu'un tres-petit frotement.

Je ne me fuis pas contenté de faire cette experience auffi
exactement que j'ay pu avec ma pierre d'Aiman, je l'ay com-
muniquée à Monfieur Joblot Profeffeur de Mathematiques
dans l'Academie Royale de Peinture & de Sculpture, lequel
entend parfaitement bien cette matiere , & qui a un grand
nombre d'Aimans naturels & artificiels de differentes for-
ces & proprietez , avec lefquels il fait plufieurs experiences
tres-belles & tres-curieufes , tant de fon invention que de
celle des autres. Il m'a affuré qu'ayant fait celle-cy , il a
vû que la Balance eftant fort chargée , peu de chofe fuffi-
foit pour la faire trebucher ; & quand elle l'eftoit moins,
qu'il en falloit davantage ; qu'il eft perfuadé que le frotement eft la veritable caufe de la difference du Trait, dans
les Balances ordinaires & que celle de M. Perrault a un
auffi grand frotement que les autres Balances.

Il y a peu de particuliers qui ayent des Aimans capables
d'enlever quarante ou cinquante livres ; les favans & les curieux , qui en ont de femblables , feront plaifir au public
de verifier cette experience , d'en faire d'autres , même
dans le vuide , & de les publier , afin que l'on puiffe connoître certainement , fi les corps font indifferens au mouvement ou au repos , ou fi ils refiftent de leur nature au
mouvement , qui eft une difficulté confiderable de la Phifique & dont l'éclairciffement eft d'une affez grande confequence.

Il feroit fort utile au public que l'on put prouver évidemment la verité ou la fauffeté de toutes les opinions
des Philofophes , par de femblables experiences. J'en
ay encore imaginé une , qui convainc abfolument de faux,
le fentiment que le même M. Perrault a publié fur la glace dans le premier Volume de fes effais de Phifique, au traité du reffort & de la dureté des corps. On remarque , dit-
il , plufieurs chofes dans la congelation de l'eau , qui peu-

vent faire croire qu'elle s'enfle, fçavoir la rupture des va- «
fes dans lefquels elle fe gèle ; les boffes qui paroiffent fur la «
furface de l'eau glacée au haut du vaiffeau; & les vuides qui «
la font paroître fpongieufe. «

Mais ces Phénomenes, ajoute-t-il, ne me femblent point «
convaincans, parce qu'on en peut rendre la raifon fans re- «
courir à l'augmentation du Volume. A l'égard de la fractu- «
re qui arrive aux vafes dans lefquels l'eau fe glace, elle «
n'eft pas un argument plus certain de l'augmentation du «
volume de l'eau, que du retreciffement du vafe : car il eft «
aifé de concevoir, que le vafe rencontrant l'eau incapa- «
ble de compreffion, eft contraint de fe rompre, lors que «
le froid le retrecit; & cela arrive, de la même maniere qu'on «
voit qu'un fil, dont on lie un corps incapable d'en eftre «
comprimé, fe rompt quand on le ferre bien fort, &c. La «
boffe qui paroît ordinairement fur l'eau, quand elle s'eft «
glacée dans un vafe, ne fignifie pas auffi neceffairement au- «
tre chofe que le refferrement du vafe, qui alors ne peut pas «
faire que l'eau monte également, & éleve toute la furface qui «
eft au haut du col du vafe, à caufe que dans le tems que ce ref- «
ferrement commence, cette furface de l'eau commence auffi à «
fe glacer : car il arrive alors que l'eau eftant comprimée par «
le refferrement du vafe &c. «

Pour faire connoître vifiblement que ce n'eft point le
retreciffement des vafes, dans lefquels on met de l'eau qui
les fait caffer ou qui la fait élever en boffe & que l'eau glacée fe rarefie confiderablement, il faut mettre de l'eau
dans une veffie & l'expofer au grand froid. On apperce-
vra, fi on la mefure avant & après la congelation, qu'elle
occupe un plus grand volume & qu'on ne peut attribuer
cette rarefaction au retreciffement de la veffie, puifqu'elle en eft incapable & qu'elle peut feulement fe dilater fans
fe rompre.

Il eft furprenant que M. Perrault ne fe foit pas avifé de
cette penfée, luy qui faifoit un grand nombre d'experiences & de Machines. Il n'y a que les ignorans & les efprits
bornez qui foient capables de croire, que ces petites chofes dans lefquelles ce favant homme s'eft trompé, puiffent
diminuer la haute reputation qu'il s'eft juftement aquife :
car outre qu'il ne les a données que comme des effais &

des conjectures , il eſt certain que les Philoſophes ne peuvent trop s'appliquer à chercher des opinions & des expli-
cations particulieres , de tous les Phénomenes de la Nature , parce que , toutes fauſſes qu'elles puiſſent eſtre , elles
contribueront beaucoup à éclaircir les difficultez de la
Phyſique.

Mon deſſein eſtoit de mettre icy le moyen que j'ay penſé ,
pour perfectionner le ſens de l'Oüye , que Monſieur Perrault m'a preſſé fortement pluſieurs fois de luy communiquer , mais je differeray encore quelque temps à le publier. Ce ſavant homme avoit beaucoup travaillé ſur cette matiere , & la poſſedoit à fonds , ainſi qu'il paroît par
ſon traité du Bruit. Le petit diſcours que j'ay publié en
1680 , à la fin de *l'Art de reſpirer ſous l'eau* & qui a eſté
mis dans le Mercure Galand du mois d'Aouſt dernier , luy
avoit extrémemment plû. Il avoit admiré quelques proprietez , que je luy avois dites , de cet Acouſtique , & même
celle de pouvoir entendre le bruit que fait une mouche en
marchant.

Il m'avoit écrit ſur ce ſujet en 1680. lorſque j'étois à Orleans , & M. l'Abbé de Lanion , alors de l'Academie Royale
des Sciences eſtant venu dans cette Ville , me preſſa encore de ſa part de luy communiquer cette Invention. Il
pria même Monſeigneur l'Evêque d'Orleans , aujourd'huy
Monſeigneur le Cardinal de Coiſlin & Madame la Ducheſſe
de Boüillon qui y eſtoit en ce temps-la , de m'engager à luy
donner cette ſatisfaction , ce qu'ils firent l'un & l'autre ;
mais je m'en excuſai , ſur ce que cette découverte n'eſtant
point dans ſon entiere perfection , ſi l'on venoit à y ajoûter
quelque petite choſe , ou même à la perfectionner conſide-
rablement , je ne manquerois jamais d'avoir un different ,
ſemblable à celuy qu'ils ſçavoient m'eſtre arrivé avec Monſieur Hughens de l'Academie Royale des Sciences , à l'oc-
caſion des Pendules portatives ; & en ne communiquant
point mes idées , ſi quelqu'un venoit à en avoir d'apro-
chantes ou de plus parfaites , je n'aurois ny conteſtation
ny aucun ſujet de me plaindre & ces illuſtres perſonnes
approuverent mes raiſons.

L'Hiſtoire de la Societé Royale de Londres à la ſection
36. qui a pour titre. *Des Inſtrumens qu'ils ont inventez* , cite

en ces termes, *Diverses sortes d'Otocousticons ou Instrumens pour advantager le sens de l'Ouïe* ; mais les Savans qui composent cette celebre Academie n'en ayant donné, que je sache, aucune explication dans leurs Transactions philosophiques ni ailleurs, celuy que j'ay inventé est vrai-semblablement autre chose.

Cet Acoustique me paroît d'une tres-grande consequence, soit pour le soulagement des sourds, soit pour faire entendre des sons imperceptibles à ceux qui ont l'Ouïe fort bonne. Je feray voir par une parfaite Analogie avec la maniere dont le sens de la vûë a esté perfectionné, que la fabrique de cet Instrument est le veritable & le seul chemin, pour parvenir à donner au sens de l'Ouïe toute la perfection dont il est capable. On sçait que la Nature a des bornes au delà desquelles il est impossible à tous les hommes de penetrer.

Cette invention est tres-simple & fondée seulement, sur la construction de l'oreille de certains animaux, qui ont l'Ouïe fort subtile. Si Monsieur Perrault & tant d'autres Savans, qui ont beaucop plus d'esprit & de connoissances que moy, ne l'ont point trouvée, c'est qu'ils n'y ont pas fait de réflexion, comme il est arrivé à une infinité d'Inventions tres-simples, qui sont demeurées jusqu'à present inconnuës à tous les hommes, cachées dans leurs principes & dans la Majesté de la Nature, pour me servir de l'expression de Pline ; mais qui se developeront dans la suite des siecles, ou plûtôt, ou plûtard, selon la maniere dont les Savans & les Curieux, s'appliqueront à examiner & à imiter la Nature ; ou suivant qu'il se trouvera des Mécénas intelligens, sans prévention, capables par eux-mêmes de connoître les Genies propres pour perfectionner les Sciences & les Arts, & qui, sans attendre qu'ils en soient sollicitez, leur procureront le loisir & les moyens de faire leurs Experiences.

La Balance que Mr. Perrault a inventée & celle que Mr. de Roberval de l'Academie Royale des Sciences, & un des plus grands Géometres de son temps, a publié dans le Journal des Savans du 10. Février 1670. pourroient me donner la confiance de proposer une noúvelle Balance que j'appelle Hydraulique ; mais les Balances ordinaires sont si simples & si faciles, qu'elle ne peut être d'un grand usage. Je dirai seulement qu'elle est composée, d'un vase plein d'eau, couvert d'une Membrane & d'un petit tuyau de verre couché presque Horizentalement , ou courbé plufieurs fois fort prés l'un de l'autre, comme les Thermometres, qui font décrits dans les Experiences de l'Academie de Florence. Le poids étant mis fur cette membrane s'enfonce dans la liqueur, & felon qu'il eft plus ou moins pefant , elle entre plus ou moins dans le tuyau de verre. L'utilité que les Savans en pourront tirer , eft qu'elle leur fournira l'occafion d'imaginer d'autres Inventions plus utiles ; elle m'a donné lieu d'en trouver deux, fondées fur le même Principe.

La premiere eft un Inftrument que je nomme Anapnoëmetre ou Mefure-refpiration , par le moyen duquel chaque perfone pourra apercevoir la quantité d'air qui entre dans fes poumons à chaque infpiration.

La feconde eft un autre Inftrument qu'on peut nommer Apopnéometre ou Mefure-évaporation , qui fera connoître fenfiblement la quantité d'eau qui s'évapore dans une heure, dans un jour ou dans un an , en temps chaud ou froid, fec ou humide. Les Philofophes qui s'appliquent à faire une Hiftoire du temps & des faifons, s'en ferviront utilement, & ils feront par fon moyen des obfervations differentes de celles des Barometres, Thermometres & Hygrometres; dont ils pourront tirer de nouvelles lumieres pour la prédiction des diverfes temperatures de l'air & pour connoître fi toute la pluye qui tombe pendant un an, eft égale à toute l'eau qui s'évapore dans le même-temps, dont on pourroit s'affurer à peu prés , en conferant pendant quelques années les effets de l'Apopnéometre avec ceux du Brokémetre ou Mefure-pluye.

Comme les Savans n'ont employé jufqu'à prefent, pour mefurer la pluye, qu'un fimple vaiffeau expofé à l'air , qui donne peu d'exactitude ; j'ay cherché un moyen qui fut plus parfait & j'en ay trouvé deux. Le premier eft compofé d'un tuyau de verre de trois ou quatre pieds de long & d'un pouce de diametre. Un Entonnoir de fer blanc de fix pouces en quarré entre dans l'ouverture d'enhaut de ce tuyau, lequel étant divifé en parties égales, d'un pouce Cubique chacune, montre la quantité d'eau qui eft tombée, & même la force ou l'abondance de la pluye comparée à d'autres precedentes,

en

en examinant, pendant qu'il pleut, le nombre de minutes &
de Secondes, que le tuyau ou une partie de ses di-
visions employent à se remplir. Le tuyau se vuide de lui-même par le moyen d'un Syphon, dont le diametre est fort petit, ou en ouvrant un robinet appliqué au bas du tuyau.

L'autre Brokémetre ou Mesure-pluye fait & tient lui-
même son Registre. Il est composé de quatre vases attachez
aux extrêmitez de deux batons posez en croix, avec un
essieu qui les traverse dans le milieu : ces vases sont dispo-
sez de telle maniere, qu'il n'y en a qu'un seul qui reçoit dire-
ctement la pluye, celui qui lui est opposé à l'autre bout du
traversant est sens dessus dessous ; les deux autres sont cou-
chez sur le côté & ont leurs ouvertures opposées l'une à
l'autre. La pluye qui tombe dans le vase qui a l'ouverture
en haut l'oblige par sa pesanteur de descendre & celuy qui le
suit succede en sa place, & ainsi des autres qui tournent
à droit ou à gauche, suivant la position du vase qui a l'ouverture en haut. Il y a au bout de l'essieu un Pignon de six
dents, qui engrenent dans une roüe de soissante & celle-cy
dans un autre, que l'on peut multiplier autant que l'on
veut. Ces roües ont aux extrêmitez de leurs arbres des
éguilles, qui tournent sur un ou plusieurs Cadrans divisez
en dix parties, ou autre nombre proportionné comme celuy
des Horloges, qui marquent les heures les minutes & les
secondes. Ces éguilles ayant été mises sur la premiere divi-
sion de chaque Cadran, lors qu'on exposera cette Machine, montreront combien les vases ont faits de tours, &
parconsequent la quantité de pluye qui est tombée depuis
ce temps-là, supposé qu'on ait auparavant mesuré la quantité d'eau qu'à donné la premiere revolution. La nège qui
s'attache aux corps sur lesquels elle tombe pourra causer
quelque erreur ; mais il est facile d'y remedier en couvrant
les trois vases, & n'en laissant qu'un seul exposé à la nège.

Ceux qui examineront cette Machine ny trouveront rien
de nouveau, & elle n'est en effet qu'une combinaison & une
application de deux Inventions connuës depuis long-temps,
qui sont les roües à godets des Moulins à eau & les roües
dentées des Horloges ; ce qui fait voir qu'il seroit facile aux
Savans & aux Curieux de trouver un grand nombre d'Inventions belles & utiles, si ils s'attachoient à faire des

B

combinaiſons, & des applications differentes des Machines
qui leur ſont connuës. Ils pourront appliquer le Principe
de ce Brokémetre à d'autres uſages & en tirer de plus
grandes utilitez qu'il n'en a lui-même.

*J'ay lû le preſent Manuſcrit, & j'y ay trouvé quelques veuës de Phiſique,
qui en peuvent rendre l'impreſſion utile. Fait à Paris ce 15. Mars 1702.*

FONTENELLE.

Vu l'Approbation permis d'imprimer. Fait ce 17. Mars 1702.
M. R. DE VOYER D'ARGENSON.

Liſte des Ouvrages imprimez de M. de Haute-Feüille.

Explication de l'effet des Trompettes parlantes. Impri-
mé en 1673.

Factum touchant les Pendules de poche 1675.

Pendule perpetuelle avec un nouveau Balancier, & la maniere d'élever l'Eau par le moyen de la poudre à Canon &
autres nouvelles inventions. 1678.

Deſcription d'un Niveau tres-ſenſible de nouvelle invention & d'une Lunette &c. Dans une lettre écrite à Mr.
le Duc de C. 1679.

L'Art de reſpirer ſous l'eau & le moyen d'entretenir, pendant un temps conſiderable, la flamme enfermée dans un
petit lieu. 1680 & 1692.

Réflexions ſur quelques Machines à élever les Eaux, avec
la deſcription d'une nouvelle Pompe ſans frotement & le
moyen de faire des jets d'eau, ſans avoir beſoin de reſervoirs
élevez. 1682.

Invention nouvelle pour ſe ſervir des plus longues Lunettes d'aproche ſans l'embarras des tuyaux &c. 1683.

Moyen de diminuer la longueur des Lunettes d'aproche
ſans diminuer leur effet. 1697.

Machine Loxodromique qui trace ſur un papier en telle
proportion que l'on veut, le chemin que fait un Navire, par
le moyen de laquelle les Pilotes auront facilement la con-
noiſſance des Longitudes, avec un nouveau Principe de ju-
ſteſſe pour les Horloges &c. 1701.